NSEILS AUX AVOCATS

ET AUX PROFESSEURS

SUR LA DICTION

[7]

PAR

Louis FAVRE

INGÉNIEUR AGRONOME — LICENCIÉ ÈS SCIENCES
DU LABORATOIRE DE PHONÉTIQUE EXPÉRIMENTALE DU COLLÈGE DE FRANCE
AVOCAT A LA COUR D'APPEL DE PARIS

PARIS

V. GIARD & E. BRIÈRE

LIBRAIRES-ÉDITEURS

16, RUE SOUFFLOT, 16

—

1897

CONSEILS AUX AVOCATS

ET AUX PROFESSEURS

SUR LA DICTION

DU MÊME AUTEUR

La Vérité. — Pensées. (Cayer.)........................ 1889

Traité de Diction. (Delagrave.)...................... 1894
    Tome I. — *Diction claire et correcte.*
    Tome II. — *Diction expressive.*

Observations préliminaires sur la Réforme de l'Orthographe française. (Firmin-Didot et Cⁱᵉ.)....... 1897

Dictionnaire de la Prononciation française. (Firmin-Didot et Cⁱᵉ.)................................. 1897
    Ce volume contient la Note de M. Gréard présentée, le
    16 février 1893, à la Commission du Dictionnaire de
    l'Académie française.

La Méthode dans les Sciences expérimentales (Contribution à l'étude de). *Bibliothèque des Méthodes dans les Sciences expérimentales.* (Reinwald.)........ 1897

EN PRÉPARATION

La Méthode dans l'art de la Diction. — Le Mécanisme. — Études. — *Bibliothèque des Méthodes dans les Arts.*

Psychologie du Comédien.

Abrégé du Traité de Diction.

Morceaux choisis pour la Diction.

Abécédaire.

Philosophie des Sciences.

CONSEILS AUX AV<u>OCA</u>TS

ET AUX PROFESSEURS

SUR LA DICTION

PAR

Louis FAVRE

INGÉNIEUR AGRONOME — LICENCIÉ ÈS SCIENCES
DU LABORATOIRE DE PHONÉTIQUE EXPÉRIMENTALE DU COLLÈGE DE FRANCE
AVOCAT A LA COUR D'APPEL DE PARIS

PARIS

V. GIARD & E. BRIÈRE

LIBRAIRES-ÉDITEURS

16, RUE SOUFFLOT, 16

—

1897

INTRODUCTION

Les conseils que nous donnons aux avocats sont les mêmes que ceux
qu'il faudrait donner aux professeurs, aux orateurs, et, d'une façon générale, à tous ceux qui parlent en public ou dans une
grande salle.

Que fait l'avocat lorsqu'il exerce sa profession à la
barre? Il parle sur le droit.

Où lui apprend-on le droit? A la Faculté de Droit.

Où lui apprend-on à parler? Nulle part (1).

Doit-on lui enseigner les choses nécessaires à l'exercice de sa profession : doit-on lui apprendre à parler,
comme on lui apprend le droit? La chose est évidente
et la réponse affirmative indiquée, lorsqu'on pose la
question comme nous le faisons.

Cependant cette évidence n'a pas frappé jusqu'à présent, au moins en France, ceux qui s'occupent de former des avocats. Les Facultés de Droit ne possèdent pas
en France de *cours de diction*, tandis qu'on en trouve
dans les Facultés étrangères, spécialement dans les
pays de langue française, à Genève et à Liège, en particulier.

Comment se fait-il qu'on n'ait pas encore pensé chez
nous à donner aux étudiants et aux avocats un enseignement qui leur est nécessaire? Cela vient sans doute de

1. Il est vrai de dire qu'on lui apprend au lycée à composer des
phrases écrites, mais on ne lui apprend pas à les prononcer. On
lui apprend à faire de la prose, on ne lui apprend pas à parler

ce qu'on pense que parler est naturel à l'homme et
que ce qui est naturel n'a pas besoin d'être enseigné.
Cette idée fournit un argument. Cet argument, contraire à l'enseignement de la diction, peut servir aussi
d'argument contre l'enseignement de la langue française ou de la prose française. C'est naturellement,
sans effort, sans y penser même, que M. Jourdain fai-
sait de la prose : comment peut-il y avoir des hommes
assez simples d'esprit pour vouloir enseigner à faire ce
que l'homme fait naturellement, la prose! Voilà ce que
doivent dire ceux qui sont tentés de nier l'utilité de
l'étude de la diction.

Ce n'est pourtant pas la simplicité d'esprit, mais la
raison, appuyée sur l'observation, qui a conduit à intro-
duire dans l'école l'enseignement de la prose, ou de la
langue en général. En effet, si c'est naturellement
qu'on fait la prose, c'est surtout de la mauvaise prose
qu'on fait ainsi; et ce qu'on veut enseigner, ce n'est pas
à faire de la prose, mais de la bonne prose. De même,
dans l'enseignement de la diction à la Faculté, on n'apprendra pas à l'élève à parler, mais à bien parler,
c'est-à-dire à le faire avec clarté et correction, sans
fatigue pour celui qui parle comme pour celui qui
écoute, et avec agrément même.

Il y a divers degrés à parcourir dans l'étude de la
diction et dans le perfectionnement que cette étude
produit : celui qui arrive au dernier degré, c'est le comédien habile qui joue de sa voix comme le musicien
virtuose joue de son instrument et lui fait traduire, d'une
façon parfaite, tous les sentiments et lui fait rendre tous
les sons vocaux que l'on peut avoir à produire dans des
circonstances données. Il ne s'agit pas du tout pour
l'avocat de devenir ce virtuose de l'instrument vocal

et pour nous de lui enseigner la manière de le devenir. Pour atteindre le degré dont nous venons de parler, il faut, et des qualités naturelles, que tous n'ont pas, et une étude longue, patiente et toujours continuée, qu'on ne peut demander à l'avocat. C'est sur terre que nous vivons, c'est aux conditions qui nous entourent qu'il faut satisfaire, c'est afin de pouvoir être apte à l'exercice d'une profession déterminée que nous travaillons, et il serait absurde de demander au futur avocat, pour une étude particulière, une dépense de temps telle que l'avantage résultant de son travail soit très inférieur à l'inconvénient résultant du temps employé et perdu ainsi.

L'observation montre d'une façon très claire que, lorsqu'on s'occupe de diction (il en est de même, d'ailleurs, dans l'étude des autres arts), les premiers degrés de l'échelle du perfectionnement sont parcourus très vite relativement à la manière dont on gravit les derniers degrés. Il faut peu de temps et peu de travail à celui qui ne sait rien en diction pour apprendre les choses essentielles ; il faut ensuite beaucoup de temps et un travail quotidien à celui qui veut, sinon atteindre la perfection, du moins s'en rapprocher dans la limite permise à l'homme.

Il ne s'agit pas pour l'avocat d'être le virtuose près d'atteindre la perfection vocale, mais de connaître les premiers principes — qui, seuls, lui sont nécessaires — d'un art qui lui permet d'exercer le mieux possible sa profession. Pour l'avocat, le travail employé à l'étude des premiers principes de la diction fournit un rendement utile très sensible, tandis que le travail employé à passer de l'état d'homme habile à celui de virtuose ne rend rien ou coûte plus qu'il ne donne. Voilà ce à quoi doit toujours penser celui qui parle d'enseigner la diction aux avocats — et aux professeurs —.

En somme, l'étude des premiers principes de la diction est nécessaire aux avocats, et il leur est facile d'acquérir ces premiers principes.

Ce qui montre bien que l'étude de la diction est nécessaire, c'est que nombre d'avocats — et nous en pourrions citer parmi les meilleurs — ont une diction défectueuse. Aucun avocat ne se permettrait aujourd'hui de faire une plaidoirie semblable à celle de L'Intimé dans *les Plaideurs ;* mais il en est qui emploient des intonations semblables à celles que le comédien chargé du rôle de l'Intimé fait entendre, il en est qui *déclament,* au sens défavorable du mot. Nous en connaissons — en particulier au barreau de Paris, que nous avons pu étudier — qui éraillent leur voix à force de la surmener, tandis qu'ils pourraient, s'ils le voulaient, lui faire produire de puissants effets sans la fatiguer, s'ils savaient la conduire. Parmi les avocats — les avocats d'assises, en particulier — ceux qui réussissent sont ceux qui, entre autres choses, ont des qualités vocales naturelles : mais, d'ordinaire, ils n'ont pas appris à ajouter à ces qualités naturelles d'autres qu'ils n'avaient pas naturellement et à se débarrasser des défauts, naturels aussi, qui se juxtaposent aux qualités et déparent la diction. Les choses se passent généralement de telle sorte que les avocats qui ont des qualités naturelles sont les seuls à montrer des qualités, ceux qui n'en avaient pas naturellement ne s'étant pas préoccupés d'en acquérir.

Il en est ainsi le plus souvent, mais non toujours. En effet, si ceux qui sont chargés de former des avocats ne s'occupent pas de leur enseigner ou faire enseigner la diction, il y a à Paris un certain nombre d'avocats qui, après avoir exercé pendant quelques années leur profession, ont reconnu la nécessité de l'enseignement qui manque à l'école, et ont pris en dehors d'elle les leçons qu'ils n'avaient pu y recevoir. Si la logique dit qu'il faut enseigner à parler à celui dont la profession consiste à parler, on voit qu'elle n'est pas seule à le faire : l'expérience le montre aussi.

Si le fait n'a pas frappé tout le monde, c'est qu'il est souvent plus difficile d'observer ce qu'on voit tous les jours que ce qu'on voit moins : ce qui est continuellement sous nos yeux ne frappe pas notre attention comme ce qui s'y trouve une fois par hasard, et c'est l'attention qui fait l'observation et surtout la bonne observation. La médiocrité de la diction des avocats en général ne frappe pas l'attention, parce qu'elle est très commune, parce qu'elle semble être une chose naturelle et presque nécessaire, comme il est naturel et nécessaire que le jour succède à la nuit et la nuit au jour. Nous voyons sans regarder avec attention, nous entendons sans écouter avec attention, et nous n'observons guère. La diction des avocats est médiocre ; mais, comme il en a été apparemment toujours ainsi, nous ne pensons pas qu'il soit nécessaire d'y modifier quelque chose. Quelle nécessité de changer une mauvaise diction, lorsqu'on a pu vivre jusqu'à présent avec une diction mauvaise, lorsque l'humanité a pu avancer malgré cela !

Notre but, dans cet opuscule, est de dire que tous les avocats doivent avoir une diction convenable, de dire que tous peuvent y arriver facilement, et d'indiquer ce qu'il faut faire pour y parvenir.

La diction de l'avocat sera convenable, quand il parlera longtemps sans fatigue, clairement, correctement et d'une façon agréable. Les qualités de clarté, de correction, etc. s'acquièrent par l'exercice *méthodique* (nous insistons sur ce qualificatif) des divers organes qui entrent en jeu dans l'acte de la parole, c'est-à-dire : les poumons et le diaphragme, le larynx, la bouche avec ses différentes parties.

Chaque individu possède un ensemble de qualités et de défauts — aussi bien au point de vue de la diction qu'à tous les autres points de vue — qui constitue son individualité. Il s'agit pour chacun de perfectionner ses qualités et de perdre ses défauts, et pour y arriver, la première des choses à faire est de rechercher les qualités et les défauts — particulièrement ces derniers — et d'analyser ce qui les constitue, afin de pouvoir combattre directement les éléments défectueux.

Quand on le peut, on doit, pour se faire indiquer ses défauts, avoir recours à un professeur, parce que son oreille exercée les analysera rapidement, et parce qu'il pourra, après avoir reconnu le mal, indiquer le remède : il sera possible cependant de se passer, au besoin, de professeur, si l'on veut bien observer avec attention chacun des éléments de la diction signalés ici et dans les traités spéciaux, si, en particulier, on observe séparément de quelle manière est conduite la voix au point de vue de la hauteur, de l'intensité, de la vitesse des sons, de l'ouverture buccale, et aussi de quelle manière la respiration est conduite.

Nous ne pouvons, dans ces quelques pages de conseils, traiter complètement le sujet de la diction : nous renvoyons à notre *Traité de diction* le lecteur désireux d'avoir sur certains points des explications plus détaillées que celles fournies ici.

PARLER SANS FATIGUE

La respiration.

Parler longtemps sans fatigue ou avec la moindre fatigue possible est pour l'avocat une qualité à rechercher.

L'expérimentation montre qu'on parvient à le faire lorsqu'on sait conduire sa respiration et poser sa voix. D'autres qualités de la parole interviennent encore — indirectement au moins — pour épargner à l'avocat la fatigue : ce sont la clarté et la correction.

On pose bien sa voix, lorsqu'on lui donne à chaque moment l'intensité, la hauteur et la vitesse qui conviennent.

Respiration. — On conduit bien sa respiration, lorsque dans le discours on débite régulièrement l'air contenu dans les poumons, en accordant à la prononciation de chaque syllabe exactement la quantité nécessaire pour la faire bien entendre, et lorsqu'on n'attend pas, pour opérer une nouvelle inspiration, que toute ou presque toute la quantité d'air contenue dans les poumons ait été expirée.

Il faut inspirer bien, c'est-à-dire rapidement, assez profondément, sans bruit et sans fatigue.

Il faut expirer l'air bien, c'est-à-dire lentement, sans aller jusqu'au bout du souffle, sans faire sentir le passage entre l'inspiration et l'expiration.

Pour bien expirer et inspirer, il faut se placer dans les conditions physiologiques convenables, qui sont faciles à connaître.

Nous parlons normalement pendant l'expiration de l'air contenu dans les poumons (1). Le jeu des poumons ou de l'appareil d'expiration — et aussi de celui d'inspiration — est donc essentiel à considérer. Ce jeu s'opère principalement par suite des mouvements des muscles intercostaux et du muscle diaphragme. Quand le diaphragme se contracte et s'abaisse, la cavité du corps (dans laquelle se trouvent les poumons) dont il limite la partie inférieure s'agrandit, les poumons élastiques suivent le mouvement des parois de la cavité, s'agrandissent aussi, et leur cavité, toujours remplie d'air, devient apte à en contenir une plus grande quantité et, par suite, en appelle du dehors : c'est là le mécanisme de l'inspiration. Quand le diaphragme se relâche et se relève, et les côtes se rapprochent, l'air est chassé des poumons : l'expiration est produite.

Lorsque nous ne parlons pas, l'inspiration et l'expiration sont à peu près d'égale durée; lorsque nous parlons, il ne peut en être ainsi : nous ne pouvons prononcer des phrases en les coupant de telle sorte qu'après chaque partie prononcée dans un certain temps il s'écoule un temps d'égale durée pendant lequel nous ne ferions entendre aucun son. L'inspiration doit, par suite, être brève. Quand il s'agit de conversation cou-

---

1. Nous parlons normalement pendant l'expiration, mais nous pourrions parler aussi — d'une façon moins nette, il est vrai — pendant l'inspiration. L'expérience qui le prouve est facile à réaliser.

rante, nous n'avons pas à prononcer un grand nombre
de mots sans prendre de respiration, nous n'avons pas
à inspirer à chaque fois une grande quantité d'air, et
nous pouvons alors toujours faire que l'inspiration
soit brève; quand les circonstances nous amènent à
débiter une période assez longue, il est plus difficile
d'emmagasiner ou d'inspirer rapidement l'air nécessaire pour le faire. Lorsqu'on s'aperçoit de la difficulté
qu'il y a pour soi à réaliser ce desideratum, il faut
faire quelques exercices directs.

D'ailleurs, il sera d'autant plus facile de faire les
inspirations brèves — et sans fatigue — qu'on intro-
duira à chaque fois moins d'air dans les poumons.
Aussi doit-on toujours avoir présente à l'esprit cette
règle qu'*il ne faut jamais aller jusqu'au bout du souffle*,
c'est-à-dire expirer tout l'air (qu'il est possible d'expirer) contenu dans les poumons, ce qui forcerait à une
inspiration trop profonde et serait par là nuisible au
fonctionnement régulier et sans fatigue de l'inspiration
et de l'expiration. Aussitôt que la respiration cause de
la fatigue, c'est qu'elle est mal conduite, et, généralement, que le sujet, n'aspirant pas assez souvent, expire
à chaque fois une trop grande partie de l'air contenu
dans ses poumons : il ne sait pas distribuer ses aspi-
rations dans le discours.

L'inspiration doit être brève et se faire sans bruit. Le
bruit est à la fois désagréable à l'oreille de l'auditeur et
nuisible à l'orateur, nuisible en ce que le bruit inutile
ne peut se produire qu'avec une certaine dépense
d'énergie, mal employée. Le bruit sera évité, si la glotte
est suffisamment ouverte et si les lèvres sont suffisamment écartées pour laisser passer sans frottement sensible beaucoup d'air dans peu de temps, et si l'inspiration,

n'étant pas trop profonde, ne nécessite pas le passage trop rapide d'une grande quantité d'air.

La respiration dépend du mouvement des parois de la cavité thoracique, des mouvements d'écartement — ou d'éloignement du centre — et de rapprochement du diaphragme, des côtes et des clavicules. Suivant qu'on met en jeu, pour respirer, plutôt l'un de ces appareils que les autres, la *respiration* mérite le nom de diaphragmatique (ou *abdominale*), de *costale* ou de *claviculaire*. On s'est beaucoup préoccupé, pour le chant, de savoir quelle est la meilleure de ces respirations. Sans entrer dans la discussion, nous dirons qu'il faut se servir le plus possible des divers organes utiles, chacun prêtant son aide aux autres, ce qui permet de n'imposer de fatigue à aucun. Il faut, en particulier, chercher à développer le mouvement des côtes, quand on ne l'emploie guère pour la respiration.

Ce que nous avons dit de l'inspiration s'applique en partie à l'expiration : aussi aurons-nous peu à ajouter touchant ce point.

L'expiration doit être relativement longue, afin de permettre de parler sans qu'on ait à faire trop souvent un appel d'air. La longueur de l'expiration dépend de plusieurs facteurs : la quantité d'air introduit la force avec laquelle on le chasse, la régularité avec laquelle on le fait, l'ouverture de la glotte et le point jusqu'où l'on va dans le rejet de l'air.

Nous avons dit qu'il ne faut jamais aller jusqu'à chasser tout l'air contenu dans les poumons. La glotte doit être juste assez ouverte pour le passage de l'air nécessaire à la vibration sonore ; elle doit être ouverte régulièrement, c'est-à-dire ne pas passer sans raison d'un degré d'ouverture à un autre. La force avec laquelle on chasse l'air doit être précisément égale à celle qui est nécessaire, et pour cela, elle doit être adaptée aux circonstances de l'opération, en particulier à l'ouverture de la glotte au moment même et à l'expression sonore à faire entendre : si l'adaptation n'est pas faite, il y a perte de force et aussi perte d'air. Pour que la dépense d'air soit réduite au minimum, il faut que le jeu des muscles servant à l'expiration, par le mouvement du diaphragme, des côtes et des clavicules, soit régulier — au moins lorsque la parole est régulière —, c'est-à-dire que les muscles se contractent ou se détendent régulièrement, sensiblement de quantités égales dans des temps égaux. En cherchant à faire à vide (c'est-à-dire sans émettre de son) ou en émettant un son uniforme des inspirations régulières, on apprendra à les faire longues; et en cherchant à les faire longues, on sera conduit nécessairement à les faire régulières.

Pour que la parole puisse être bien conduite, il importe que le jeu des muscles servant à l'expiration obéisse avec précision à notre volonté, ce qui n'est pas d'ordinaire le cas. La respiration absolument régulière ne peut être acquise qu'après un certain temps d'exercice.

Celui qui a de sérieuses difficultés à vaincre pour obtenir une respiration régulière peut y arriver en agissant de la manière suivante. Porter son attention sur la respiration pendant qu'on fait des exercices musculaires qui demandent une dépense d'énergie plus grande que la dépense ordinaire : par exemple, porter son attention sur la régularité de la respiration pendant qu'on soulève des poids ou pendant qu'on court.

Quand on sera habitué à ces exercices difficiles,

on exécutera facilement ceux qui le sont moins.

L'attention que l'on porte sur le jeu des organes de la respiration et les exercices faits pour bien conduire leurs mouvements dans toutes les occasions développent la capacité pulmonaire utilisable.

Il est peu probable qu'un avocat ou un professeur ait jamais des tendances au bégaiement et au balbutiement. Dans le cas où il en serait ainsi, l'éducation — au point de vue de la régularité des mouvements — des muscles qui contribuent à la respiration et aussi à l'articulation produirait d'heureux effets.

Certaines attitudes du corps sont plus favorables que d'autres pour rendre la respiration facile.

Il faut, en particulier, éviter de se courber en avant, parce qu'alors on respire avec difficulté et la respiration devient courte, le volume du poumon, lié à celui de la poitrine, étant ainsi réduit. Si l'on tient le haut du corps droit et la tête haute, comme dans l'attitude classique du coureur ou du marcheur, le poumon peut s'étendre librement et emmagasiner une plus grande quantité d'air : la respiration devient plus longue et moins fatigante, et la voix plus claire et moins fatigante aussi à émettre.

C'est cette dernière attitude qu'il faudra prendre pour parler.

Si on lit, on aura soin de tenir assez haut les notes lues pour n'être pas forcé de pencher la tête en avant et gêner ainsi le larynx dans son fonctionnement.

Pour parler sans fatigue, il faut, non seulement bien conduire sa respiration (c'est-à-dire le jeu des muscles inspirateurs et expirateurs), mais encore bien conduire sa voix (c'est-à-dire, en particulier, le jeu des muscles du larynx).

DICTION CLAIRE

La voix

La bonne conduite de la voix produit de bons effets, et au point de vue de la fatigue évitée, et au point de vue de la clarté de la diction.

Le larynx constitue, avec ses annexes de l'appareil respiratoire, une sorte d'instrument à anche, produisant des sons tels que nous ayons pu attribuer à chacun un sens particulier, ou une expression particulière, dans l'acception large du mot. Les sons émis par cet instrument (dont le timbre est variable) se distinguent entre eux, comme tous les autres sons, par l'intensité, la hauteur, le timbre et la durée.

Une voix est bien posée dans un cas donné, lorsque sa hauteur, son intensité et aussi sa vitesse sont bien adaptées aux conditions dans lesquelles on la fait entendre, et, en particulier, bien adaptées à la grandeur de la salle dans laquelle on parle.

Un individu sait bien poser sa voix, lorsqu'il sait bien, dans les différentes circonstances qui peuvent se présenter, adapter l'intensité, la hauteur et la vitesse de sa voix aux conditions données.

Dans chaque cas particulier, il doit y avoir pour chacune des qualités du son — pour la hauteur, l'intensité et la durée — une grandeur moyenne, autour de laquelle la voix peut et doit varier ou osciller, mais à laquelle elle doit toujours revenir de temps à autre pour se poser.

Quand la voix est bien posée, la diction est facilement rendue claire, et la fatigue est évitée dans la mesure possible.

La pose de la voix dans un cas donné, ou l'adaptation des qualités de la voix aux conditions dans lesquelles elle doit se produire, n'est pas toujours aisée : aussi faut-il toujours, lorsqu'on doit parler dans une salle de dimension ou de forme inusitée, y essayer suffisamment sa voix avant le moment où l'on aura à parler longuement.

Nous citerons une observation qui montre bien l'importance de cet essai préalable. Des artistes de valeur avaient été appelés à jouer, dans la salle des fêtes du Trocadéro, *Athalie*. Pendant que les premiers actes étaient joués, on sentait l'effort fait par les deux premiers sujets de la troupe, qui cherchaient vainement à adapter la hauteur, l'intensité et la vitesse de leur diction aux conditions de la salle, dont la sonorité spéciale et les dimensions ne pouvaient s'accommoder de leur manière habituelle de dire. L'insuccès de cette recherche produisait le plus pénible effet.

HAUTEUR.

La *hauteur* est la qualité qui fait dire d'un son qu'il est haut ou bas, élevé ou non, aigu ou grave.

C'est cette qualité que rappelle, en musique, la place plus ou moins haute de la note sur la portée : c'est elle qui distingue l'*ut* du *ré* et des autres notes.

La hauteur du son dépend du nombre de vibrations qui se produisent dans un temps donné : plus le nombre de vibrations dans l'unité de temps est grand, plus le son est haut.

Les sons employés dans la parole par le même individu sont de hauteurs différentes. La hauteur des sons émis oscille autour d'une hauteur moyenne : l'ensemble des sons groupés autour de cette moyenne se nomme le *médium* du sujet. C'est des notes du médium qu'il faut se servir à peu près toujours : quand on s'en éloigne exceptionnellement, il faut toujours penser à y revenir et penser au moyen de le faire sans choquer l'oreille de l'auditeur. Le cri, fait d'une intensité et d'une hauteur de son anormales, fatigue le larynx de celui qui parle, fatigue l'oreille et l'attention de celui qui écoute : il choque aussi le goût de l'auditeur. Pourquoi ne dit-on pas à certains avocats plaidant aux assises que ce n'est pas avec des cris que l'on prouve la justesse de ce qu'on avance !

Il faut pouvoir, à l'occasion, se servir de notes qui sont en dehors du médium : pour acquérir les notes que l'on n'a pas ou pour développer celles que l'on a, il faudra faire des exercices portant sur ces notes.

Il y a, entre les notes les plus élevées que l'on peut et doit utiliser dans la parole et les plus basses, un certain intervalle, variable selon les individus, ne dépassant pas généralement celui d'une octave, et moins considérable, par conséquent, que celui compris entre les notes extrêmes de la voix chantée. Si le nombre de tons ou de demi-tons compris dans la gamme musicale est limité, celui que contient la voix parlée ne l'est pas conventionnellement : on peut, entre les deux sons extrêmes de la voix parlée, en placer un aussi grand nombre d'autres qu'on le désire — et dont la hauteur n'est évidemment pas fixée par convention —. Il y a souvent, chez des gens qui ne s'en doutent pas, des trous dans la voix parlée, comme il y en a dans la voix chantée : divers sons compris dans l'intervalle des extrêmes ne peuvent pas être émis ou ne peuvent pas l'être nettement ni facilement. Certains avocats, certains professeurs, certains comédiens aussi (et il est facile de s'en apercevoir chez ceux-ci) ne passent jamais de tel son déterminé à tel autre son plus élevé en suivant les degrés intermédiaires : on perçoit dans leur diction une sorte de saut de la voix, qui est toujours opéré au même endroit de l'échelle. Certains possèdent, dans l'intervalle des extrêmes, un groupe de notes relativement basses et un groupe de notes relativement élevées, les notes du milieu manquant. Les orateurs à qui des notes manquent dans la voix ont quelque chose de désagréable dans la diction.

Le travail fait acquérir ou développe les notes absentes ou qui sortent mal.

Les exercices de hauteur indiqués ailleurs devront être faits par ceux qui sont pauvres en notes ou dont la voix n'est pas suffisamment souple ou docile au point de vue des passages à opérer d'une hauteur de son à une autre.

Il est bon d'indiquer que, si l'on parle dans une grande salle, on doit élever un peu la voix, parce qu'une voix haute est plus facilement perçue au loin qu'une voix basse. Il faut l'élever un peu, mais pas assez pour rendre le ton criard, ton difficile à soutenir et désagréable à entendre.

On a coutume, en particulier lorsqu'on parle en public, de descendre de quelques degrés les derniers sons de la phrase. Cela n'est pas d'ordinaire exigé par le sens, comme on est porté à le croire. Que le sens l'exige ou non, lorsqu'on croira devoir émettre les dernières syllabes de la phrase sur des notes plus basses que les précédentes, il sera nécessaire, comme compensation, de donner à ces dernières notes une plus grande intensité qu'aux précédentes : sans cette précaution, l'auditeur ne pourrait entendre la fin des phrases.

En somme, l'orateur doit avoir à sa disposition les différentes notes situées entre les extrêmes, et, dans chaque cas donné, il ne doit employer que des notes telles que, en suivant les inflexions nécessaires à l'expression du sens de la phrase prononcée, il n'ait pas à faire appel à des notes situées en dehors des limites de sa voix, ni même à des notes qui, se trouvant dans sa voix, seraient en dehors de celles que nos oreilles sont accoutumées à entendre. Un médium riche en notes, dont on ne s'éloignera guère et dans lequel on pourra rentrer avec aisance, formera la base d'une bonne voix d'orateur.

INTENSITÉ.

L'*intensité* est la qualité qui fait dire d'un son qu'il est fort ou faible, intense ou atténué.

C'est à cette qualité que se rapportent, en musique, les différentes expressions indicatives : *fortissimo, forte, mezzo-forte*, etc.

L'intensité du son dépend de l'amplitude des vibrations qui le produisent : plus l'amplitude est grande, plus le son est intense.

Les sons d'un discours, d'une phrase même, sont d'intensités différentes. Dans un groupe de sons ou de souffle, dans un mot quelconque, une syllabe est plus accentuée que les autres, elle porte l'accent dit tonique, qui est en français un accent d'intensité (et non de hauteur). On se sert d'ordinaire des intensités moyennes : aussi doit-on s'occuper surtout d'acquérir les intensités moyennes et de pouvoir émettre facilement, à volonté, les diverses notes de la gamme ou de l'échelle de ces intensités. Il ne faut guère s'éloigner des intensités moyennes, et, lorsque exceptionnellement on doit s'en éloigner, il faut savoir y revenir sans que la voix ait à opérer un saut trop brusque.

Il faut éviter et les trop grandes intensités de voix, qui donnent le cri, et les trop faibles intensités, qui font que le son émis n'est plus perçu nettement par l'auditeur.

La plupart de ceux qui parlent en public terminent leurs phrases — et quelquefois leurs propositions — avec des notes d'une intensité si faible, qu'on a peine à suivre jusqu'au bout la pensée que les sons de la phrase expriment. Quand l'auditeur a peine à suivre l'orateur, son attention se fatigue; et les raisons mal entendues, si bonnes qu'elles soient, ne peuvent produire sur l'esprit de l'auditeur l'effet voulu.

Si, d'ordinaire, les derniers sons de la phrase sont émis avec une faible intensité, l'expression du sens de la phrase n'exige pas qu'il soit fait ainsi. Non seulement on ne doit pas terminer la phrase et la proposition avec une faible intensité, mais encore on doit relever légèrement cette intensité lorsque les dernières syllabes de la phrase sont émises sur des sons de faible hauteur. Pour faire ainsi, la chose est facile : il suffit d'un peu d'exercice et de quelque attention.

Il faut pouvoir faire varier l'intensité de la voix entre certaines limites, pour l'adapter aux circonstances dans lesquelles on parle; il faut pouvoir la faire varier avec facilité, par degrés insensibles ou sensibles, à volonté. Des exercices directs sur les intensités — sur les divers degrés de l'échelle des intensités — permettront d'obtenir ce résultat.

L'intensité moyenne que l'on choisira pour les sons

du discours — autour de laquelle on fera varier la voix
et à laquelle on reviendra toujours — sera en rapport
avec les circonstances présentes, et en particulier avec
la grandeur de la salle et la distance qui sépare les au-
diteurs de l'orateur. Quand cette distance est grande,
ce n'est pas en forçant au maximum l'intensité de la
voix qu'on parviendra à se faire entendre, mais en
employant une articulation très nette et en tenant le
son sur chaque syllabe, que l'on allonge ainsi. De cette
manière, si l'auditeur a quelque peine à comprendre la
pensée de l'orateur, les sons qui l'expriment ne parve-
nant pas avec l'intensité optima à son oreille, il est ac-
cordé au travail de l'intelligence, qui fait interpréter les
sons, les mots et le sens afférent, un temps plus long.

En règle générale, on commencera le discours sur
des sons d'intensité moyenne en même temps que de
hauteur moyenne. On doit recommander de bien articuler les sons et de parler lentement en commençant,
afin que l'oreille de l'auditeur, qui n'est pas encore ha-
bituée à suivre dans ses variations la musique spéciale
de la voix de l'orateur donné, trouve ce manque d'ha-
bitude, désavantageux au point de vue de la bonne audition, compensé par l'avantage de ces qualités, qui
rendent l'audition claire. Au bout de quelques minutes,
l'oreille, déjà accoutumée à la voix particulière donnée,
prévoit, si l'on peut ainsi parler, les sons à venir d'a-
près ceux qui précèdent immédiatement, elle se pré-
pare à les entendre au moment où ils vont être émis,
et elle les perçoit nettement : alors la diction a moins
besoin d'être claire ou distincte par elle-même.

VITESSE *(temps)*.

La musique de la voix parlée est constituée des

mêmes éléments que la musique de la voix chantée ou la musique instrumentale.

En musique, les éléments se rapportant au temps sont de plusieurs sortes.

Le temps ou la durée d'une note écrite, par rapport à la durée attribuée à ses voisines, dépend de sa forme (c'est une ronde, ou une blanche, ou une noire, etc.). La durée absolue, c'est-à-dire mesurée en secondes, attribuée à cette même note dépend à la fois, de sa forme et du mouvement dans lequel est écrit le morceau (*largo, andante, presto*, etc.).

La durée du morceau lui-même dépend du nombre des notes, de leur valeur propre, du mouvement général et aussi des silences intercalés.

En diction, chacune de ces qualités ou particularités a son importance, surtout au point de vue de la diction expressive. Pour la diction claire, il nous faut surtout porter attention à la durée des mots et par conséquent des syllabes.

La *vitesse* de la diction est mesurée par le nombre de syllabes prononcées dans l'unité de temps.

Si la pensée qui vient de notre propre intelligence marche avec une vitesse grande, celle que nous voulons communiquer aux autres ne pénètre en eux qu'avec une certaine lenteur. Il faut, en conséquence, lorsque nous parlons, que les mots qui représentent la pensée à faire comprendre ne marchent pas avec une vitesse plus grande que celle avec laquelle notre pensée pénètre dans l'intelligence des autres : sinon, l'auditeur n'aura le temps de s'assimiler qu'une partie des idées que nous lui présentons.

D'ailleurs, si l'on demande à l'auditeur un travail d'assimilation qu'il est incapable de faire dans le temps donné, il se fatigue et bientôt n'écoute plus.

La vitesse du débit ne doit jamais dépasser une certaine limite, qui est marquée par le point où l'auditoire ne peut plus saisir facilement la pensée exprimée.

Pour la vitesse de la diction, — comme pour la hauteur et pour l'intensité des sons qui en forment les éléments, — il faut adopter dans chaque cas donné une valeur moyenne, autour de laquelle la voix pourra varier, et à laquelle elle reviendra à certains moments pour se poser et se reposer.

Parfois, dans un passage véhément, par exemple, il est bon que la voix, qui s'échauffe, donne l'illusion d'une diction rapide. Cette illusion ou cette impression de la diction rapide peut être obtenue de deux manières différentes, soit par une diction réellement rapide, soit par une diction large sans être rapide (ni trop lente) : il faut préférer la seconde manière d'obtenir le résultat cherché. Si la diction est véritablement rapide, la pensée est difficilement comprise, comme nous venons de le dire. Si la diction est élargie sans être précipitée, l'illusion de la rapidité existe et la pensée est cependant facilement comprise.

La diction est élargie par l'emploi de trois procédés, dont il faut user concurremment : la liaison des sons, la tenue des sons et le dédoublement des syllabes.

Il y a dans toute phrase plusieurs syllabes qui peuvent être dédoublées : ce sont celles dans lesquelles deux consonnes se suivent, la seconde étant souvent une liquide, L ou R (comme dans plat, gros). Si, au lieu de dire à la suite les deux consonnes qui se suivent dans l'écriture, on intercale un e muet (PeLAT, au lieu de PLAT), là où il y avait une syllabe, on en prononce deux : la syllabe est dédoublée. Le procédé —

lorsqu'on évite l'exagération, bien entendu — non seulement ne choque pas l'oreille, mais encore donne de l'agrément à la diction en même temps que de la clarté. Si l'impression de la rapidité est obtenue par le nombre relativement grand de syllabes prononcées dans un temps donné, on peut, en agissant comme nous venons de l'indiquer, en prononcer beaucoup en peu de temps, sans raccourcir le temps consacré par l'orateur à la prononciation d'une phrase donnée et par l'auditeur à la compréhension de cette phrase. Les gens habiles peuvent aller jusqu'à prononcer PeLeAT, au lieu de PLAT, sans choquer l'oreille. On peut non seulement séparer dans la diction deux consonnes qui se suivent dans l'écriture, mais encore disjoindre un peu deux voyelles formant diphtongue.

La diction est élargie encore par la tenue du son, qui consiste à augmenter la durée de chaque son et de chaque syllabe. Si, par exemple, on fait durer une demi-seconde le son qui dure d'ordinaire un quart de seconde, la qualité acquise par la diction correspond à ce qui est pour l'auditeur la largeur.

Si, d'autre part, toutes les syllabes étant allongées, on les prononce sans mettre de silence entre les syllabes qui se suivent et en liant bien les sons, une grande quantité de son est fournie dans un temps donné; et cela contribue (avec l'intensité du son et le dédoublement des syllabes) à donner à la diction le caractère de la véhémence, caractère que la diction large n'a pas nécessairement, en particulier quand la voix n'est pas intense et quand les sons ne sont pas frappés fortement.

En résumé, la largeur de la diction est composée de trois éléments principaux : le dédoublement des syllabes, la tenue du son et de la syllabe, et l'emploi du *lié* (opposé au *détaché* ou manière par laquelle on détache les syllabes l'une de l'autre en les séparant par un silence, généralement faible). La véhémence de la diction comprend d'ordinaire comme éléments : des sons liés, intenses et d'intensités différentes, une forte accentuation des consonnes, une vitesse apparemment grande du débit (qui doit être grande en apparence, mais doit être moyenne en réalité), qui doit être obtenue en particulier par le dédoublement des syllabes.

Toutes choses égales d'ailleurs, la plus rapide (apparemment ou réellement) de deux dictions est celle qui paraît la plus véhémente.

TIMBRE.

Le *timbre* est la qualité (se rapportant à la hauteur des sons) qui permet de reconnaître, en particulier, si une note donnée provient de tel ou tel genre d'instruments de musique (violon, flûte, etc.), de tel instrument donné spécial (tel violon), de telle ou telle voix humaine.

Le timbre d'un son fondamental dépend du nombre et de la qualité des sons harmoniques qui l'accompagnent.

On peut pratiquement ici distinguer deux sortes de timbre, le timbre général de l'instrument (de l'instrument vocal humain en général, ou de l'instrument vocal d'un individu déterminé), dont nous venons de parler, et le timbre particulier qui se manifeste dans la prononciation d'un son déterminé. En effet, il y a, touchant le timbre et les harmoniques, des éléments constants dans une voix donnée, quel que soit le son émis, été ments qui permettent de distinguer cette voix de toute autre. Il y a aussi des éléments variables dans une voix donnée, éléments qui permettent de distinguer les uns des autres les sons émis par cette voix, et qui permettent de reconnaître ces mêmes sons dans une voix quelconque.

Le timbre général de la voix est chez certains individus dit *timbre d'or, d'argent, d'airain, de cristal*. Nous ne dirons rien des exercices à faire sur le timbre général, parce qu'il est apparemment très difficile à modifier, et parce que certainement on ne connaît pas encore le moyen d'opérer sa modification.

Pour ce qui concerne le timbre particulier des sons (spécialement des sons-voyelles), nous ne nous étendrons pas ici, comme nous l'avons fait ailleurs, sur la façon de le produire. Ce qu'il faut que l'oreille entende, le professeur ne peut guère l'indiquer nettement qu'en émettant lui-même les sons pris comme étalons : ce qu'il peut mieux indiquer, c'est la manière d'obtenir ces sons. Aussi bien pour les consonnes que pour les voyelles, c'est la disposition des organes de la parole (larynx et bouche) qui donne aux sons les caractères qui les distinguent nettement : chaque son déterminé doit être produit avec une forme déterminée des organes et un mouvement destiné à fournir cette conformation spéciale. Si l'on donne aux organes producteurs exactement la forme voulue, la forme correcte nécessaire, les sons émis ainsi — qui, par suite, sont émis correctement — rendent la diction claire.

La diction correcte contribue à rendre la diction claire, et la diction ne peut être réellement claire que si elle est correcte.

DICTION CORRECTE

Sans indiquer la manière dont on doit prononcer correctement chaque son en particulier, nous pouvons dire ici que le français actuel contient les sons-voyelles suivants : a, e (é, è), i, o, u, *ou, eu; an, in, on, un;* et les sons-consonnes : b, c, *ch*, d, f, g (g dur), j, k, l, m, n, p, r, t, v, z.

Les sons notés *ou, eu, ch*, — et même *an, in, on, un,* — sont des sons simples, au même titre que ceux qui sont notés au moyen d'un seul signe : ils sont, par conséquent, écrits d'une façon défectueuse dans ce qu'on nomme l'orthographe française.

Le groupe de l'a contient a ouvert et a fermé
    —   e   —   è   —   é —
    —   o   —   o   —   o —
    —   *eu*   —   *eu* —   *eu* —

Quand le son *eu* est très bref, on le nomme d'ordinaire e muet, et on l'écrit e.

Les phonéticiens ajoutent à ces sons : le n mouillé (d'ordinaire écrit gn), le i consonne, le u consonne, le *ou* consonne, et quelquefois le l mouillé.

Il importe de savoir que ce qui contribue le plus à rendre distincte la voix, à faire qu'on l'entende au loin sans fatigue pour l'orateur, c'est l'exacte prononcia tion en général, et plus particulièrement l'exacte articulation des consonnes. Aussi l'avocat ou l'orateur devrat-il porter son attention sur ce point, et chercher à acquérir l'exactitude et la netteté de l'articulation.

Si l'articulation est bonne, il n'est pas besoin que le son soit intense : celui qui articule avec une grande netteté peut se faire entendre à une assez grande distance en employant le *chuchotement.* Celui qui articule bien peut même se faire comprendre, sans émettre aucun son, par le sourd-muet qui sait lire sur sa bouche les sons que les changements de position des lèvres, des maxillaires et même de la langue contribueraient à produire, si la voix était émise.

Cette remarque nous amène à concevoir comment on doit s'y prendre pour acquérir une articulation nette, quels exercices on doit faire pour y parvenir. D'une façon générale, pour arriver à faire exactement et facilement ce qui est relativement facile, il est bon de s'exercer à faire ce qui est difficile : pour arriver à se faire entendre en parlant à haute voix dans une grande salle par suite de l'exacte articulation des consonnes, on devra s'exercer à se faire entendre en donnant très peu de voix, en *chuchotant.* Cet exercice fait sentir les défectuosités de l'articulation, il grossit les défauts et aide ainsi à les apercevoir : des consonnes que l'on croit articuler suffisamment en parlant, ne sont pas perçues quand on chuchote, et l'on est alors amené à les articuler plus nettement dans le chuchotement, et aussi, comme conséquence, dans la parole à haute voix.

Un autre exercice qui donne de la netteté et de la force à l'articulation est celui qui consiste à parler les dents serrées, en laissant les mâchoires absolument immobiles. Les divers muscles dont le jeu sert à la production de la parole — en particulier ceux des lèvres, des joues et de la langue — doivent dans ce cas, pour permettre qu'on distingue bien les mots, effectuer des mouvements plus accentués que ceux nécessaires d'ordinaire, lorsqu'on parle la bouche ouverte (1). Le jeu de ces muscles acquiert ainsi et de la force et de la précision, parce que, là aussi, on distingue facilement les défectuosités de l'articulation, le défaut des sons qui provient du défaut de précision dans les mouvements.

L'emploi des boules en caoutchouc placées entre les joues et les dents — emploi fait quelquefois pour exercer à vaincre les difficultés d'articulation — peut produire d'heureux résultats. Démosthène se servait, pour obtenir les mêmes effets, de cailloux : les diseurs du XIXe siècle se servent de boules en caoutchouc.

Les exercices de l'articulation faite en chuchotant, ou avec les dents serrées, ou avec des boules dans la bouche donnent à l'articulation des qualités différentes, et pour ainsi dire complémentaires, suivant qu'on les fait de telle ou telle manière : ces exercices faits avec lenteur donnent à l'articulation la précision, et les mêmes exercices faits avec une grande vélocité lui donnent la facilité.

Si le R est légèrement roulé, au lieu d'être grasseyé, le discours prononcé dans une très vaste salle acquerra un peu plus de netteté.

Parfois, la façon particulière dont un individu pro-

1. Il va sans dire que, si nous recommandons de parler les dents serrées, c'est seulement pendant l'exercice. Cette façon de parler dans les exercices a l'avantage de faire acquérir de la netteté dans la diction (d'où utilité de l'exercice); mais elle a l'inconvénient de ne jamais être aussi nette que le parler effectué la bouche ouverte (d'où nécessité d'ouvrir la bouche, et de bien l'ouvrir, lorsqu'on parle en public).

nonce un son (voyelle ou consonne) permet de déterminer la région dont il est originaire, ou tout au moins
celle dont il a l'accent. Le plus souvent, c'est la façon
de prononcer les voyelles qui renseigne sur ce point (1).
Dans telle région de France on prononce ouverte telle
voyelle déterminée qui devrait être fermée dans le cas
observé, ou fermée la voyelle qui devrait être ouverte, ou
bien encore on ne nasalise pas comme il faut la
voyelle nasale : par exemple, on émet successivement,
dans la voyelle nasale *an,* le son *a* et la nasalisation,
qui doivent être exactement superposés.

Les accents de terroir ne sont pas caractérisés exclu-
sivement par la façon de prononcer les voyelles, mais
ils le sont surtout par cela. Les autres éléments qui
permettent de reconnaître ces accents vicieux se rapportent : à la manière de placer l'accent tonique d'intensité dans le mot et surtout dans le groupe de souffle,
et à la manière de parcourir l'échelle des hauteurs dans
la mélodie de la phrase (la courbe décrite par le passage d'un échelon aux suivants étant semblable chez
les individus qui ont le même accent).

Il convient de se défaire de ces accents défectueux,
et pour y parvenir, il faut, soit déterminer soi-même
les éléments de l'accent que l'on possède, soit se les
faire indiquer par un homme du métier. Une fois le
défaut connu, il suffit d'un peu d'attention et de quelques exercices pour s'en débarrasser.

La correction dans l'articulation des consonnes et
des voyelles rend la diction plus claire, plus facilement
compréhensible, et l'orateur a besoin pour se faire

---

1. Les Français dont la prononciation est incorrecte déforment
plutôt la prononciation des voyelles, et les étrangers la prononciation
des consonnes.

entendre d'une moindre dépense de force et de souffle
que lorsque l'articulation est incorrecte.

En dehors de la prononciation correcte des voyelles
et des consonnes des mots pris séparément, il faut
s'occuper de la prononciation des consonnes qui, ter-
minant un mot, doivent, suivant le cas, être ou n'être
pas prononcées. Lorsqu'un mot commence par un son-
voyelle et le précédent se termine par un son-voyelle,
si le signe qui représente ce dernier son est suivi dans
le même mot d'un signe-consonne qu'on ne prononce
pas lorsque le mot est seul, ce signe est d'ordinaire
prononcé, pour lier les deux mots sans que deux sons-
voyelles se suivent et se choquent. La liaison dont
nous parlons se fait ou ne se fait pas, suivant le cas.
Dans la conversation courante on fait peu de liaisons :
l'avocat en fera peu aussi. On fait d'autant plus de
liaisons que le sujet sur lequel on parle est plus sé-
rieux et que les phrases dont on se sert sont plus soi-
gnées ou plus littéraires. Dans le langage dit soutenu
le nombre des liaisons devient grand.

Il faut, en toutes choses, savoir adapter sa manière
de faire aux choses que l'on fait : il faut ici adapter sa
manière de dire — de faire les liaisons, en particulier
— à ce que l'on dit et au lieu dans lequel on le dit, au
milieu dans lequel on parle. Si l'adaptation n'est pas
suffisamment exacte, si l'orateur fait trop de liaisons,
son langage paraît prétentieux ; s'il n'en fait pas assez,
son langage paraît négligé, trop négligé.

Toutes choses égales d'ailleurs, il faudra faire un plus
grand nombre de liaisons lorsque le débit est rapide que
lorsqu'il est lent, parce que, lorsqu'il est lent, la rencontre des deux sons-voyelles — que la liaison a pour
but d'éviter — est moins sensible et peu choquante

RÉSUMÉ ET CONCLUSIONS

L'avocat doit pouvoir parler sans fatigue, avec clarté, avec correction, avec agrément aussi.

Nous avons dit que ces différentes qualités se prêtaient un mutuel appui et qu'elles étaient faites des mêmes éléments, chacun des éléments prenant, suivant la qualité considérée, une importance plus ou moins grande.

Nous avons dit que c'était la *respiration* mal conduite qui contribuait le plus à amener la *fatigue* de l'orateur. Nous avons dit comment il fallait faire l'éducation de la respiration, comment il fallait exercer les muscles servant à la respiration.

La *diction* est *claire*, quand la *voix* est posée de telle sorte que son intensité, sa hauteur, sa vitesse (vitesse de succession des syllabes) soient en rapport avec les conditions dans lesquelles on parle, autrement dit quand on prend, dans chaque cas, pour les divers éléments qui la composent une grandeur moyenne autour de laquelle les sons oscillent, grandeur qui est calculée, et sur les conditions d'audition (passive), et sur les conditions de parole (active) c'est-à-dire sur les moyens de l'orateur. Nous avons indiqué les exercices à faire.

La *diction* est *correcte*, lorsque les *voyelles* et les *consonnes* sont exactement (et nettement) prononcées. Les exercices à faire pour l'acquérir ont été indiqués.

Pour *parler avec* assez d'*agrément*, il suffirait de parler sans fatigue, avec clarté et correction : cependant il est possible, et souhaitable aussi, pour l'avocat ou l'orateur de rendre sa diction véritablement agréable par l'étude de la diction expressive et des divers éléments qu'elle considère.

La diction expressive apprend, entre autres choses, à reconnaître et à mettre en relief le mot de valeur. Dans une phrase donnée, c'est-à-dire dans un groupe de mots (comme, d'ailleurs, dans un groupe d'hommes), tous les individus, tous les mots, n'ont pas la même valeur : les uns sont au premier rang, les autres à d'autres rangs de valeur. Les mots ou les fonctions de mots (fonction-verbe ou fonction-modificatif en général, fonction-dénominatif, fonction-conjonctif), les parties du discours qui ont le plus de valeur, pour exprimer entièrement et nettement le sens de la phrase, sont dits mots de valeur, et ils doivent être mis en relief dans le discours. D'ordinaire, le verbe (la fonction-verbe) est dans la phrase un mot de valeur : il l'est particulièrement lorsque la phrase a pour but d'indiquer une action accomplie ou à accomplir. Tous les mots, toutes les fonctions de mots peuvent, suivant le cas — et dans des cas plus ou moins fréquents —, devenir mots de valeur.

La mise en relief du mot de valeur ou des mots de valeur est effectuée en donnant aux sons du mot une intensité, une hauteur, une vitesse différentes de celles des sons voisins, et généralement une intensité, une hauteur, une lenteur (simultanément ou séparément) plus grandes. Un silence placé avant ou après le mot le détache bien : le moyen ainsi fourni sera assez souvent employé.

Pour que la diction puisse être considérée comme

bonne, il faut qu'elle soit appropriée aux circonstances, que ses différentes qualités soient en rapport avec le sujet traité, avec la salle dans laquelle on parle, avec les qualités de l'auditoire.

En toutes circonstances, il faut bien respirer, bien prononcer les voyelles et les consonnes (se défaire des accents de terroir), n'employer ni les sons trop élevés ni les trop bas (ne guère s'éloigner du médium), ni les sons trop intenses ni les trop faibles, ni les sons trop rapides ni les trop lents; ne jamais laisser tomber la fin des phrases.

La diction, pour être agréable, exige que l'orateur ne se serve jamais de ton dit déclamatoire. Le professeur enseignera à ne pas parler sur ce ton.

Nons avons dit quels exercices il fallait faire pour acquérir les différentes qualités de la diction, la largeur, par exemple (exercices de tenue du son, de dédoublement des syllabes, de liaison des sons). D'une façon générale, tous les exercices que les musiciens instrumentistes font sur leurs instruments, pour rendre facile leur jeu et assouplir leurs organes, ceux que le chanteur fait pour assouplir et rendre docile sa voix doivent être exécutés par le diseur.

Chaque orateur possède un organe avec des qualités et des défauts, qualités et défauts qui sont différents suivant les individus considérés. Il est à peine besoin de dire que, pour faire un travail utile, pour acquérir les qualités qui lui manquent ou perdre les défauts qu'il a, chacun fera les exercices spéciaux profitables au jeu de son organe, ceux qui doivent donner des résultats sensibles. S'exercer indéfiniment pour acquérir une qualité qu'on possède déjà suffisamment, serait agir d'une façon qui n'est pas à recommander.

Pour être sûr d'employer le mieux possible son temps dans les exercices, il importe que chacun prenne note, en particulier, de ses défauts et des difficultés de prononciation qu'il rencontre.

Un discours étant donné à lire à deux individus différents, tous les deux rencontreront certainement des difficultés aux mêmes endroits, mais aussi chacun trouvera d'autres difficultés là où les autres individus n'en trouvent pas. Notez par écrit tous les passages, rencontrés dans le discours ou la lecture, qui sont difficiles à prononcer pour votre organe : relisez souvent et aussi rapidement que possible le catalogue que vous aurez ainsi dressé, et ce qui était difficile deviendra facile.

Lorsqu'il s'agit d'enseignement, il faut penser à la constitution psychologique des individus auxquels on s'adresse : l'ennui étant tout le contraire d'un agent de progrès, il faut autant que possible éviter l'ennui dans l'étude. Si, théoriquement, les exercices (mécaniques) que nous avons conseillés suffisent pour donner la diction facile, claire et correcte, il serait d'une mauvaise pédagogie de vouloir que l'élève s'en tienne à ces exercices peu amusants. Des exercices de lecture à haute voix et de diction expressive de morceaux littéraires bien choisis seront utiles, et parce qu'ils seront agréables, et parce qu'ils permettront à l'élève d'essayer ses forces et de constater ses progrès en faisant un travail intelligent, un travail qui nécessite le concours de son organe vocal exercé et de son intelligence. Les morceaux seront bien choisis, s'ils contiennent certaines des difficultés dont l'élève avait à se rendre maître, et s'ils sont appropriés au genre de diction dont l'élève devra faire usage.

La diction de l'avocat n'est pas nécessairement monotone : il doit parfois avoir recours à des tons différents. On trouve dans la plaidoirie de L'Intimé, dans *les Plaideurs*, des exemples des divers tons que les circonstances peuvent amener l'avocat à prendre. Dans ce morceau tout est exagéré, *chargé ;* comme le sens même des phrases l'indique, la diction doit être exagérée dans divers sens : les divers tons employés le sont de telle sorte que les éléments de hauteur, d'intensité, de vitesse ou lenteur qui les constituent sont exagérés ou traduits avec exagération. Aussi serait-il ridicule de dire, en plaidant, comme le comédien chargé du rôle de L'Intimé dit la plaidoirie (comme, d'ailleurs, il serait ridicule de prononcer, en plaidant, les phrases mises dans la bouche de L'Intimé). Il serait ridicule de dire comme L'Intimé, mais il est utile de chercher à le faire, afin d'exercer sa voix. Celui qui est capable de faire que sa voix parcoure habilement et avec facilité toute l'échelle des intensités, des hauteurs, des vitesses, de la largeur, etc., peut considérer sa voix comme suffisamment travaillée et apte à traduire tout ce que l'avocat peut avoir à dire.

Il serait bon que les premiers éléments de la diction fussent enseignés à ceux qui doivent parler en public, aux avocats particulièrement.

Il serait bon que l'enseignement de la diction (de la diction appliquée à l'exercice de la profession oratoire) fût introduit dans les Facultés de Droit. Le professeur devrait — ou devra — y enseigner méthodiquement ce que nous avons exposé dans les pages qui précèdent ; il y apprendra aussi à ses élèves à se passer bientôt de lui. Le meilleur enseignement est, en effet, celui qui met le plus rapidement les élèves en état de se passer des conseils du professeur.

Tant que cet enseignement n'existe pas dans les Facultés, on trouve aisé de vivre et plaider sans lui, (comme, dans un autre ordre d'idées, on trouve toujours aisé de vivre sans les perfectionnements que la science ne doit apporter que le siècle suivant à ce qui constitue les commodités de la vie); quand il existera et aura su mériter la place d'abord accordée, on se demandera comment on a pu faire pour s'en passer jusque-là.

TABLE DES MATIÈRES

INTRODUCTION. 1

PARLER SANS FATIGUE. — **La respiration**. 7

DICTION CLAIRE. — **La voix**. 13

    Hauteur. 14
    Intensité. 17
    Vitesse (temps). 19
    Timbre. 23

DICTION CORRECTE. 25

RÉSUMÉ ET CONCLUSIONS 30

TABLE DES MATIÈRES 36

TYPOGRAPHIE FIRMIN-DIDOT ET Cie. — MESNIL (EURE).

www.ingramcontent.com/pod-product-compliance
Ingram Content Group UK Ltd
Pitfield, Milton Keynes, MK11 3LW, UK
UKHW020053100726
13658UKWH00004B/1737